Kalender für die Fasten- und Osterzeit

1.Auflage 2025

© 2025 Andrea Christ
Verlag: BoD · Books on Demand GmbH, In de Tarpen 42,
22848 Norderstedt, bod@bod.de
Druck: Libri Plureos GmbH, Friedensallee 273,
22763 Hamburg
ISBN: 978-3-7693-3908-6

Andrea Christ

Kalender für die Fasten- und Osterzeit

Vorwort

In der Fasten- und Osterzeit sind wir eingeladen, unsere Beziehung zu Jesus Christus zu erneuern oder zu vertiefen. Eine Möglichkeit bietet uns das tägliche Lesen und Meditieren von Seinem Wort. Wir sind eingeladen, in dieser gnadenreichen Zeit besonders aus dem Wort unseres Herrn zu leben.

Dieser Kalender bietet in Anlehnung an die liturgischen Texte der katholischen Kirche für jeden Tag einen kurzen Impuls zum Nachdenken, Nachbeten oder einfach nur zum Stille werden. Durch die Heilige Schrift spricht der Herr zu jedem / zu jeder von uns. Wer möchte, ist deshalb auch dazu eingeladen, das Wort, das der Herr zu ihm / ihr ganz persönlich spricht, niederzuschreiben.

Eine gesegnete Fasten- und Osterzeit
wünscht Euch / Ihnen

Andrea

Aschermittwoch

Mit dem heutigen Aschermittwoch beginnt für uns Christen die Fastenzeit. Wir sind dazu eingeladen, uns in den kommenden vierzig Tagen neu auf Gott hin auszurichten. Fasten und Gebet sollen uns dabei helfen, unsere Beziehung zu Jesus Christus zu erneuern, zu festigen oder zu vertiefen.

Heute möchte ich mir bewusst ein paar Minuten Zeit für mein persönliches Gebet nehmen.

Meine Gedanken

____

____

____

____

____

____

Manchmal ist weniger mehr, so sagt es ein altes Sprichwort. Jesus verspricht uns, dass im Hinblick auf das ewige Leben weniger alles ist. Etwas weniger Welt, dafür mehr Jesus und irgendwann kann Jesus alles für mich sein. Je tiefer ich mit Ihm zusammenwachse, in Ihn hineinwachsen, umso mehr wird mein Ich mit Seinem Du verschmelzen.

Heute möchte ich mir Zeit nehmen, um etwas in der Heiligen Schrift zu lesen, damit ich Jesus immer besser kennenlerne.

Meine Gedanken

____

____

____

____

____

Freitag nach Aschermittwoch

Fasten um des Fastens Willen. Jesus erteilt dieser religiösen Forderung der Schriftgelehrten und Pharisäer eine deutliche Absage. Jesus ist gekommen, um den Bräuchen ihren wahren Sinn wieder zu geben. Es geht nicht darum, Eindruck mit dem Erfüllen von Geboten zu erwecken, ohne deren tieferen Sinn zu erkennen. Das Fasten soll uns reinigen, uns offen machen für die Gegenwart Gottes, damit wir Ihm wie unserem Bräutigam entgegen gehen können.

Heute möchte ich den Herrn darum bitten, mir den wahren Sinn des Fastens zu erschließen.

Meine Gedanken

____

____

____

____

____

Samstag nach Aschermittwoch

Einst sagte Jesus zu den Schriftgelehrten und Pharisäern, dass nicht die Gesunden den Arzt brauchen, sondern die Kranken. Vielleicht kann auch das für uns eine Aufgabe in der Fastenzeit sein: Auf diejenigen zuzugehen, die Jesus noch nicht kennen. Ihnen von Jesus zu erzählen und sie zu Ihm zu führen. Jesus wusste sich zu den verlorenen Schafen Israels gesandt. Auch uns, die wir Jesus nachfolgen, sendet er aus, um sie wieder zur Kirche zurückzuführen.

Heute möchte ich für diejenigen beten, die sich von der Kirche abgewandt haben.

Meine Gedanken

____

____

____

____

____

____

Manchmal führt Gott uns in die Wüste, um uns zu prüfen. Wenn Gott dann zulässt, dass wir in Versuchung geführt werden, dürfen wir uns darauf verlassen, dass Gott uns Seine Engel schickt, die uns dienen und uns stark machen, um in der Versuchung standhaft zu bleiben. Pater Pio hat einmal gesagt, dass es ein Zeichen dafür ist, dass Gott in uns wohnt, wenn Satan uns versucht. Aber Gott ist stärker. Darauf dürfen wir vertrauen.

Heute möchte ich Gott darum bitten, mich zu stärken, wenn Versuchungen kommen.

Meine Gedanken

Montag der ersten Woche der Fastenzeit

Jesus baut sich Seine Kirche selbst und Er verspricht, dass
die Mächte der Unterwelt sie nicht überwältigen werden.
Was für tröstliche Worte in dieser Zeit, in der die Kirche
von innen und außen stark bedroht ist.

Heute möchte ich für die Kirche beten und dafür, dass sie
die Kraft findet, den wahren Glauben weiterzugeben.

Meine Gedanken

____

____

____

____

____

Dienstag der ersten Woche der Fastenzeit

Passiert es uns nicht auch immer wieder, dass wir während unserer Gebetszeit einfach los plappern wie die Heiden und uns dann darüber wundern, dass wir Gottes Stimme nicht hören? Gott weiß, was wir brauchen und manchmal ist es einfach viel wertvoller und notwendiger, Zeit mit Ihm zu verbringen, als irgendwelche Reden oder auch Gebete herunterzurasseln.

Heute möchte ich etwas Zeit mit Gott in Stille verbringen.

Meine Gedanken

____

____

____

____

____

Mittwoch der ersten Woche der Fastenzeit

Immer wieder mahnt Jesus uns, in Seiner Liebe zu bleiben. Nur, wenn wir in Seiner Liebe bleiben, können wir auch Sein Gebot der Nächstenliebe halten. Wenn wir in Jesu Liebe bleiben, wird uns der Vater alles geben, was wir dazu benötigen, um uns und unsere Nächsten zu lieben.

Heute möchte ich jemanden aus meiner Liebe zu Jesus heraus etwas Gutes tun.

Meine Gedanken

Immer wieder betont Jesus, die Güte Seines und unseres Vaters im Himmel. Gott gibt denen Gutes, die Ihn darum bitten und Er öffnet sich für diejenigen, die bei Ihm anklopfen. Doch vergessen wir dabei nicht, dass das Gute nicht immer das ist, was wir uns wünschen. Gott lässt sich finden und Er gibt uns, was wir dazu brauchen. So sind wir eingeladen, die Fastenzeit dazu zu nutzen, uns auf den Weg zu Ihm zu machen.

Heute möchte ich Gott darum bitten, Ihn tiefer kennenlernen zu dürfen.

Meine Gedanken

____

____

____

____

____

____

Freitag der ersten Woche der Fastenzeit

Mit vielen Beispielen zeigt Jesus uns immer wieder die große Bedeutung der Vergebung im geistlichen Leben. Wer nicht vergibt, zieht sich selbst das Gericht zu. Wer nicht vergibt, dem vergibt auch Gott nicht. Wer nicht vergibt, zerstört sich manchmal sogar selbst damit. Wenn wir uns in der Fastenzeit auf unsere Auferstehung vorbereiten, müssen wir uns auch überlegen, wo wir noch vergeben müssen.

Heute möchte ich mir überlegen, wem ich etwas noch nicht verziehen habe und dieser Person bewusst vergeben.

Meine Gedanken

____

____

____

____

____

____

Samstag der ersten Woche der Fastenzeit

Jesus bringt das Gesetz der Juden zu einer neuen Tiefe, indem er bestimmte Vorschriften sogar noch strenger auslegt, als die damaligen Gesetzeslehrer es taten. So soll die Liebe zum Nächsten auch unsere Feinde umfassen, diejenigen, die uns das Leben schwer machen. Das ist eine echte Herausforderung. Auch mit denen geduldig zu sein, die wir nicht mögen.

Heute möchte ich versuchen, jemandem etwas Gutes zu tun, den ich nicht mag.

Meine Gedanken

____

____

____

____

____

____

Manche Geschehnisse verstehen wir erst im Nachhinein. Deshalb ist es manchmal besser, zunächst zu schweigen. Gott stellte Petrus, Jakobus und Johannes Jesus als Seinen Sohn vor und gebot ihnen, auf Jesus zu hören. Doch sie verstanden erst nach Jesu Auferstehung die ganze Wahrheit. Auch unser Glaube muss wachsen und reifen, bis wir irgendwann die Wahrheit erkennen.

Heute möchte ich mich darin einüben zu schweigen, damit mein Glaube wachsen kann.

Meine Gedanken

____

____

____

____

____

Montag der zweiten Woche der Fastenzeit

Jesus ermuntert uns dazu, genauso barmherzig zu sein, wie unser Vater im Himmel. Und Er nennt uns Verhaltensweisen, wie wir diese Barmherzigkeit umsetzen können. Nicht Richten oder Verurteilen stattdessen Vergeben und Geben. Das ist nicht immer einfach. Wie oft meinen wir, Richter über andere, ja sogar über Gott sein zu müssen. Doch richten wir uns damit nicht vielmehr selbst?

Heute möchte ich versuchen, barmherzig mit mir und anderen umzugehen.

Meine Gedanken

____

____

____

____

____

____

Dienstag der zweiten Woche der Fastenzeit

Jesus mahnt Seine Jünger, zu tun und zu befolgen, was die Gesetzeslehrer ihnen sagen, aber nicht darauf zu achten, wie die Gesetzeslehrer handeln. Auch wir hören oft viele schöne Worte, aber, wenn wir genauer hinsehen passen Taten und Worte nicht immer zusammen. Das geht auch uns oft selbst so. Wir wissen zwar, was wir tun sollen, machen dann aber genau das Gegenteil davon.

Heute möchte ich Gott um die Kraft bitten, das, was ich für mich vom Evangelium verstehe, umsetzen zu können.

Meine Gedanken

____

____

____

____

____

Mittwoch der zweiten Woche der Fastenzeit

Jesus ist mit Seinen Jüngern auf dem Weg nach Jerusalem. Und obwohl Jesus noch kurz zuvor zu seinen Jüngern von Seinem bevorstehenden Leiden sprach, verstanden die Jünger nichts davon. Geht es uns nicht auch manchmal so? Wir möchten einen schön gestalteten Gottesdienst besuchen oder Lobpreislieder singen, dabei begegnen wir Jesus in der Heiligen Messe gerade auf Seinem Kreuzweg. Jesus ist durch großes Leid hindurch zur Auferstehung gelangt. Er hat uns den Weg zum Vater gezeigt. Nur durch Leiden gelangen auch wir zur Auferstehung. Können wir diesen Kelch trinken?

Heute möchte ich mir überlegen, ob ich bereit bin, Jesus auch im Leiden nachzufolgen.

Meine Gedanken

____

____

____

____

____

____

Donnerstag der zweiten Woche der Fastenzeit

Irgendwann holt uns das Leiden ein. Was wir in dieser Welt nicht gelitten haben, wird im Fegefeuer gereinigt werden. Wir sind aufgerufen, von dem Guten, das wir empfangen haben, abzugeben, um auch denen zu helfen, denen es nicht so gut geht. Auch dafür ist die Fastenzeit da.

Heute möchte ich mir überlegen, wem ich etwas Gutes tun kann.

Meine Gedanken

____

____

____

____

____

____

Freitag der zweiten Woche der Fastenzeit

Jesus ist der Stein, der Seine Kirche zusammenhält, obwohl Er von den angeblichen Bauleuten verworfen wurde und auch heute noch immer von vielen Menschen verworfen wird. Jesus wird sich denjenigen schenken, die wahre Frucht bringen. Bemühen wir uns deshalb, insbesondere in der Fastenzeit darum, gute Früchte zu bringen.

Heute möchte ich für diejenigen beten, die Jesus noch nicht kennen.

Meine Gedanken

____

____

____

____

____

Samstag der zweiten Woche der Fastenzeit

In dem Gleichnis vom verlorenen Sohn schien der Vater zu ahnen, was Sein Sohn in der Zeit, in der er sich von Ihm abgewandt hatte, durchmachte. Das Mitleid des Vaters war größer als Seine Traurigkeit, Wut und Enttäuschung über den Weggang des Sohnes. Der Vater weiß, wie hart das Leben mit seinen Widrigkeiten ist. Statt zu verurteilen, läuft Er ihm entgegen und fällt Seinem Sohn um den Hals. Die Barmherzigkeit hat gesiegt. Nicht nur, aber auch besonders in der Fastenzeit, läuft unser Vater im Himmel denen entgegen, die Buße tun und bereuen, und zieht sie zurück an Sein Herz.

Heute möchte ich das Gleichnis vom verlorenen Sohn lesen und meditieren.

Meine Gedanken

____

____

____

____

____

Dritter Fastensonntag

Jesu Leib ist der wahre Tempel. Er hat alle Schuld und Sünde auf sich genommen und mit in den Tod gerissen. Nach drei Tagen ist Er wieder auferstanden. Heil, rein und ohne jegliche Schuld. Wenn wir Jesu Leib in der Eucharistie empfangen, werden wir Teil dieses reinen und geheiligten Leibes. Wir haben Anteil an Jesu Auferstehung und geben Ihm damit die Möglichkeit, auch uns von Schuld und Sünde zu befreien. Der Empfang der Heiligen Kommunion bereitet auch uns auf unsere Auferstehung vor.

Heute möchte ich die Heilige Kommunion bewusst empfangen und Jesus für all das, was Er für mich getan hat, danken.

Meine Gedanken

____

____

____

____

____

Montag der dritten Woche der Fastenzeit

Als Jesus in der Synagoge in Nazareth zu Gast war, begann er den Anwesenden darzulegen, dass ein Prophet in seiner Heimat nicht anerkannt wird. Da wurde die Menge wütend, weil Jesus nicht bereit war, ein Wunder zu wirken, um sie von sich zu überzeugen. Aber Jesus braucht keine Wunder, um Menschen zu gewinnen, die Ihn lieben und Ihm vertrauen. Ein Glaube, der auf Wunder baut, ist meist auf Sand gebaut. Wer Jesus auch in schlechten Zeiten vertraut, ist wahrhaft sein(e) Jünger(in). Wir sind eingeladen, den Weg durch die Fastenzeit im Vertrauen auf Jesus zu gehen, um so mit Ihm zur Auferstehung zu gelangen.

Heute möchte ich im Laufe des Tages immer wieder das Stoßgebet „Jesus, ich vertraue auf dich" beten.

Meine Gedanken

____

____

____

____

____

____

Dienstag der dritten Woche der Fastenzeit

In Form von Gleichnissen zeigt uns Jesus immer wieder, wie wichtig Vergebung ist. Unser Vater im Himmel ist barmherzig mit uns. Deshalb vergibt Er uns unsere Sünden, wenn wir zu Ihm kommen. Umso mehr sind auch wir dazu aufgerufen, unseren Nächsten zu vergeben. Wem muss ich noch vergeben oder in welchem Dunkel muss ich noch Vergebung suchen? Zur Vorbereitung auf unsere Auferstehung hat Gott uns das Sakrament der Beichte geschenkt. Nutzen wir die Fastenzeit, um uns auf eine gute Beichte vorzubereiten.

Heute möchte ich mir Zeit für eine ehrliche Gewissenserforschung nehmen.

Meine Gedanken

Mittwoch der dritten Woche der Fastenzeit

Jesus ist in diese Welt gekommen, um das Gesetz der Liebe zu erfüllen, so wie es sonst kein Mensch vermag, die Liebe zu leben. Sein „Gesetz" wird nicht vergehen, mögen moderne Aktivisten es auch noch so sehr bekämpfen. Wer in Gottes Liebe bleibt und lebt, der wird einst seinen Platz im Himmelreich erhalten. Üben wir uns in der Fastenzeit darin, immer mehr aus Gottes Liebe zu leben und Seine Gebote zu halten.

Heute möchte ich mir Zeit nehmen, um in der Heiligen Schrift ein Stück aus der Bergpredigt zu meditieren.

Meine Gedanken

____

____

____

____

____

Donnerstag der dritten Woche der Fastenzeit

Für Jesus kann man sich nur ganz oder gar nicht entscheiden. Es gibt entweder ein Leben mit Jesus oder ein Leben in der Welt. Jesus ist stärker als das Böse, das in der Welt ist. In Ihm ist das Reich Gottes zu uns gekommen. Er schenkt uns die Kraft, in dieser Welt zu bestehen und uns immer wieder für Ihn zu entscheiden. Für wen entscheide ich mich?

Heute möchte ich mir überlegen, ob ich mich bereits bewusst für ein Leben mit Jesus entschieden habe.

Meine Gedanken

____

____

____

____

____

____

Freitag der dritten Woche der Fastenzeit

Das Gebot der Gottes- und Nächstenliebe war schon von Anfang an im jüdischen Glauben verankert. Doch immer wieder wurde es gegen einen leeren Glauben von Formalismen und sinnlosen Gesetzen ausgetauscht, auch heute in unserer christlichen Gesellschaft besteht diese Gefahr. Gott liebt uns. Das ist die Wahrheit. Er ist barmherzig und hat Mitleid mit uns. Ist Er nicht all unsere Liebe wert?

Heute möchte ich dem Herrn in einem Akt der Liebe meinen Glauben beweisen.

Meine Gedanken

____

____

____

____

____

Wie viel Hochmut, Neid und Besserwisserei gibt es doch manchmal auch unter uns Gläubigen. Dabei lehrt uns Jesus genau das Gegenteil: Wer sich selbst erniedrigt, wird erhöht werden. Dabei ist hier nicht von einer zur Schau gestellten Erniedrigung die Rede oder davon, dass man sich selbst nieder macht, sondern von einer echten Demut. Wer seinen Wert in Gott kennt, braucht sich nicht über andere zu erheben.

Heute möchte ich mir bewusst machen, dass ich Gottes geliebtes Kind bin.

Meine Gedanken

Vierter Fastensonntag

Gott sieht unsere Sünde, aber Er verurteilt uns nicht. Im Gegenteil: Er hat alles getan, um uns von der Sünde zu befreien, denn sie trennt uns von Gott. Er hat sich in Jesus selbst hingegeben, damit jeder, der an Ihn glaubt, das Leben in Gott hat. Und wer in Gott lebt, dem kann auch der leibliche Tod nichts mehr anhaben. Die Fastenzeit lädt uns ein, uns von Neuem mit Gott versöhnen zu lassen, um in Seiner Liebe zu leben.

Heute möchte ich Gott in der Feier der Heiligen Messe während der Wandlung meine Schwächen und Fehler hinhalten.

Meine Gedanken

Herr, komm herab und heile unsere zerbrochenen Seelen. Ausgerechnet ein so genannter Heide war es, dessen Sohn Heilung erfuhr, denn Jesus hatte schon vorher betont, dass ein Prophet in seiner Heimat keine Anerkennung findet. Wie ist das mit uns? Bitten wir Jesus noch, zu uns herab zu kommen bist tief in unser Innerstes, um uns zu heilen? Oder haben wir es uns schon in unseren Gemeinschaften so eingerichtet, dass Jesus dort gar keinen Platz mehr hat, dort keine Anerkennung findet?

Heute möchte ich Jesus bitten, herab in mein Herz zu kommen, um wieder der Mittelpunkt in meinem Leben zu sein.

Meine Gedanken

____

____

____

____

____

____

Dienstag der vierten Woche der Fastenzeit

Jesus handelt nicht gegen unseren Willen. Er akzeptiert den freien Willen des Menschen. Jesus heilt diejenigen, die Ihn bitten, aber Er mahnt uns auch, nicht mehr zu sündigen, damit uns nicht noch Schlimmeres widerfährt. Denn schlimmer als unsere körperlichen Krankheiten sind oft die seelischen Krankheiten. Die Seele ist es, die uns mit Jesus verbindet oder uns von Ihm trennt. Wollen wir, dass unsere Seele gesund wird? Dann kommen wir zu Jesus, um bei Ihm Heilung zu suchen.

Heute möchte ich Jesus bitten, zu heilen, was mich noch von Ihm trennt.

Meine Gedanken

____

____

____

____

____

Mittwoch der vierten Woche der Fastenzeit

Wir bereiten uns auf Ostern vor, dem Fest der Auferstehung Jesu, aber auch unserer Auferstehung. Jesus schenkt uns wahres Leben. Nur in Seiner Gegenwart leben wir bereits hier auf Erden ewig. Deshalb brauchen wir die Fastenzeit, um unsere Beziehung zu Jesus zu vertiefen, durch Gebet, durch den Besuch der Heiligen Messe und durch den Empfang der Beichte, damit wir an Ostern unsere Auferstehung mit Jesus feiern können.

Heute möchte ich versuchen, eine Werktagsmesse zu besuchen.

Meine Gedanken

Donnerstag der vierten Woche der Fastenzeit

Die Schriftgelehrten forschten in der Schrift nach Jesus, aber als Er plötzlich vor Ihnen stand, wollten sie nicht zu Ihm kommen. Manchmal sind wir Menschen einfach blind. Geht es uns heute nicht genau so? Wir suchen überall nach etwas Glück und Lebenssinn, aber wir erkennen den nicht, der mit offenen Armen auf uns wartet, um uns ewiges Leben zu schenken. Er wartet auf uns. Sind wir dazu bereit, zu Ihm zu gehen?

Heute möchte ich Jesus bitten, mir die Augen zu öffnen, um Ihn in meinem Alltag zu begegnen.

Meine Gedanken

____

____

____

____

____

____

Freitag der vierten Woche der Fastenzeit

Manchmal brauchen wir einen Engel, der uns auf den rechten Weg zurückführt. Der heilige Josef vertraute diesem Engel und tat, was er ihm auftrug. So konnte Gott Großes durch Josef wirken. Sein Gehorsam und sein Vertrauen machen einen Großteil von Josefs Heiligkeit aus. Darin kann der Heilige Josef für uns zum Vorbild werden. Die Fastenzeit kann auch für uns eine Möglichkeit sein, um uns im Vertrauen und Gehorsam einzuüben.

Heute möchte ich Gott bitten, mir Seinen Willen in einer bestimmten Angelegenheit zu zeigen.

Meine Gedanken

____

____

____

____

____

Samstag der vierten Woche der Fastenzeit

Jesus spricht den Menschen ins Herz. Deshalb konnten die Gerichtsdiener, die Ihn eigentlich hätten verhaften sollen, sagen: Noch nie hat ein Mensch so gesprochen. Jesus kennt die Menschen durch und durch. Er weiß, mit welchen Worten Er sie berühren kann. Seine Worte treffen ins Innerste und verwandeln den Menschen. Kein anderer kann so sprechen, es sie denn, Gott spricht durch diesen Menschen.

Heute möchte ich mir eine Zeit der Stille nehmen, um auf Jesu Worte für mich zu hören.

Meine Gedanken

____

____

____

____

____

____

Fünfter Fastensonntag

Gott wird einen neuen Bund schließen. Darauf bereitet uns Jesus Christus heute vor. Es ist die Vorbereitung auf Karfreitag. Jesus führt uns mit Ihm zusammen unter das Kreuz. Dort will Er uns alle zu sich ziehen. Dort soll das Böse in uns zerstört werden. Nutzen wir die Fastenzeit, um eine Weile anbetend unter dem Kreuz nieder zu knien und Jesus dafür zu danken, was Er für uns getan hat.

Heute möchte ich mich während der Heiligen Messe bewusst unter das Kreuz stellen, während der Priester die zerbrochene Hostie zeigt.

Meine Gedanken

____

____

____

____

____

____

Montag der fünften Woche der Fastenzeit

Jesus verurteilt den Sünder nicht. Umso mehr dürfen auch wir unsere Mitmenschen nicht verurteilen. Jesus, der ohne Sünde war, hasst die Sünde, aber Er liebt den Sünder. Wir alle sind Sünder. Wir alle sind auf Gottes Barmherzigkeit angewiesen. Deshalb haben wir nicht das Recht, einander zu verurteilen.

Heute möchte ich mir vornehmen, nicht schlecht über andere zu reden.

Meine Gedanken

____

____

____

____

____

Wer nicht glaubt, dass Jesus Gottes Sohn ist und sich zu Ihm bekehrt, kann nicht von seiner Schuld befreit werden. Jesus ist der Herr! Er hat unsere Sünden auf sich genommen und an das Kreuz getragen. Wir sind eingeladen, Ihm unter das Kreuz zu folgen. Bin ich dazu bereit, mein Kreuz auf mich zu nehmen und Jesus nachzufolgen?

Heute möchte ich Jesus dafür danken, dass Er das Kreuz für mich auf sich genommen hat.

Meine Gedanken

____

____

____

____

____

____

Mittwoch der fünften Woche der Fastenzeit

Wer Jesus nachfolgt, den macht Jesus frei. Jesus selbst ist die Wahrheit. Nur Er befreit von der Sünde und macht uns so zu Söhnen und Töchtern des Vaters. Nur, wer ein reines Herz hat, kann im Haus des Vaters sein. Deshalb ist es so wichtig, regelmäßig zur Beichte zu gehen und das Herz zu reinigen.

Heute möchte ich mich auf eine gute Beichte vor Ostern vorbereiten.

Meine Gedanken

____

____

____

____

____

Donnerstag der fünften Woche der Fastenzeit

Jesus ist in diese Welt gekommen, um uns von unserer Schuld zu befreien. Der Schritt von Weihnachten zu Ostern ist deshalb gar nicht so groß. So wie in Maria will Jesus auch in uns geboren werden, um uns frei zu machen. In jeder Heiligen Eucharistie empfangen wir den Leib des Herrn. Sie verbindet uns jedes Mal ein Stück mehr mit Ihm. Sie reinigt unsere Herzen und schenkt uns Kraft, Jesus auf dem Kreuzweg nachzufolgen.

Heute möchte ich Jesus bitten, auch in mir geboren zu werden.

Meine Gedanken

Freitag der fünften Woche der Fastenzeit

Auch heute noch versuchen viele Menschen Christus zu steinigen, weil sie Ihn nicht erkannt haben. Sie sind nicht achtsam genug, um die Werke zu sehen, die Er auch heute noch vollbringt. Doch wir dürfen diese Menschen nicht verurteilen. Stattdessen sind wir dazu berufen, für sie zu beten und sie nicht aufzugeben.

Heute möchte ich für die Menschen in meiner Umgebung den Kreuzweg beten.

Meine Gedanken

____

____

____

____

____

Samstag der fünften Woche der Fastenzeit

Jesus ist für uns gestorben, um uns von unserer Schuld zu befreien und uns in die Gemeinschaft mit Gott zurück zu holen. Er ist am Kreuz gestorben, um die ganze Welt zu erlösen. Brand- und Schlachtopfer können die Welt nicht erlösen. Durch das von uns angenommene und aufgeopferte Leiden können auch wir zu Miterlösern werden.

Heute möchte ich zum Eintritt in die Karwoche, Jesu Erlösungstat für mich meditieren.

Meine Gedanken

____

____

____

____

____

Palmsonntag

Wir treten in die Heilige Woche ein. Pilatus gab den Befehl, Jesus zu kreuzigen, um die Menge zufrieden zu stellen. Auch heute machen Menschen vieles, um die Welt zufrieden zu stellen, um beliebt und angesehen zu sein. Aber ist das auch Gottes Wille? Manchmal ist es besser, sich bewusst gegen die Menge zu stellen, um Jesus nachzufolgen. Auch das kann ein Kreuz sein.

Heute möchte ich im Gebet bei Jesus sein, um Ihm so auf Seinem Leidensweg nahe zu sein.

Meine Gedanken

____

____

____

____

____

Montag der Karwoche

Für Maria Magdalena war nichts zu teuer, wenn es um Jesus ging. Sie nahm ein ganzes Pfund kostbares Nardenöl, salbte damit Seine Füße und trocknete sie mit Ihrem Haar. Jesus deutete die Salbung schon auf sein Begräbnis hin. Er ist auf dem Weg nach Jerusalem, auf dem Er übergroße Liebe, aber auch extremen Hass erfahren muss. Das wird sich auch nach Seiner Auferstehung nicht ändern. Jesu Botschaft weckt die unterschiedlichsten Gefühle im Menschen. Wie ist das bei mir? Ist meine Liebe zu Jesus groß genug, um sagen zu können, dass mir nichts teurer ist als Seine Liebe?

Heute möchte ich Jesus meine Liebe zeigen.

Meine Gedanken

Jesus nachzufolgen bedeutet, Ihm bis unter das Kreuz zu folgen. Dazu müssen wir in Jesu Nachfolge hineinwachsen. Ansonsten kann es sein, dass wir hochmütig werden. In die Nachfolge Jesu hineinzuwachsen braucht Zeit. Zeit, in der wir fallen und wieder aufstehen müssen und ganz besonders Zeit für das Gebet.

Heute möchte ich den Tag, soweit es mir möglich ist, im Gebet verbringen.

Meine Gedanken

____

____

____

____

____

____

Mittwoch der Karwoche

„Meine Zeit ist da." Mit Jesus zusammen bereiten wir uns auf Sein Leiden und Sterben, aber auch auf Seine und unsere Auferstehung vor. Doch zuvor macht Jesus uns Sein größtes Geschenk. Seine allzeitige Gegenwart in der Heiligen Eucharistie. Denn Er hat versprochen: „Ich bleibe bei euch bis ans Ende der Welt." So wechseln sich Freud und Leid in den kommenden Tagen ab. Doch Jesus hat das Böse in dieser Welt besiegt. Vertraue ich darauf?

Heute möchte ich so oft wie möglich, das Gebet „Jesus, erbarme dich meiner" beten.

Meine Gedanken

____

____

____

____

____

Gründonnerstag

Noch einmal betont der Evangelist Johannes die übergroße Liebe, die Jesus Seinen Jüngern erwiesen hat und zu der auch wir berufen sind. „Da er die Seinen liebte, die in der Welt waren, erwies er ihnen seine Liebe bis zur Vollendung", so lesen wir im Johannesevangelium. Gott wäscht Seinen Kindern die Füße. Noch im Angesicht Seines menschlichen Todes erbringt Er an ihnen einen Sklavendienst. Wie weit haben wir uns vom Glauben an diesen Gott heute entfernt? Gott ist immer für mich da. Er handelt für mich, in mir und durch mich.

Heute möchte ich mich öffnen für Gottes barmherziges Handeln an mir.

Meine Gedanken

____

____

____

____

____

____

Karfreitag

Am Kreuz hat Jesus all unseren Unglauben, unsere Lieblosigkeiten, unsere Traurigkeit und Schuld in Sein liebendes Herz aufgenommen und so durch Seine Liebe geheilt. Jeder, der zu Jesus kommt, ist eingeladen, an dieser Liebe teilzuhaben. In der Nacht zuvor fragte Jesus die Soldaten: „Wen sucht ihr?" Jesus kommt auch in ihre Dunkelheit hinein, um Sie zu fragen: Wenn suchen sie? Die Soldaten verstanden ihn nicht. Was ist ihre Antwort auf Jesu Frage?

Heute möchte ich, alles, was mich belastet zum Kreuz bringen.

Meine Gedanken

____

____

____

____

____

Karsamstag

Der Stein wurde vor das Grab gewälzt, die Türen blieben verschlossen. Karsamstag – Tag der Grabesruhe, Tag der unfassbaren Trauer, Tag der Stille. Was geschehen war, schien kaum zu begreifen. Doch noch unbegreiflicher schien das, was in der kommenden Nacht geschehen sollte. Die Sonne wird wieder aufgehen. Die Frauen finden das Grab leer vor, der Stein war weggewälzt. So werden auch die Steine vor unseren Gräbern weggewälzt. Wer mit Jesus leidet, wird auch mit Ihm auferstehen.

Heute möchte ich mir vornehmen, aus dieser Hoffnung heraus zu leben.

Meine Gedanken

____

____

____

____

____

Ostersonntag

Johannes sah die leeren Leinenbinden im Grab liegen und glaubte: Jesus lebt! Er ist auferstanden. So wie Er es vorausgesagt hat. Auch wir werden mit Jesus auferstehen. Das ist es, was wir an Ostern und an jedem Sonntag im Jahr feiern. Wenn der Priester in der Heiligen Messe ein Stück der zerbrochenen Hostie in den Wein gibt, ist das das Zeichen der Auferstehung. Fleisch und Blut vermischen sich. Was zerbrochen ist, wird neu. Deshalb dürfen auch wir heute unser neues Leben in Christus feiern.

Heute möchte ich ganz bewusst Jesu Auferstehung aber auch meine Auferstehung feiern.

Frohe Ostern!

Meine Gedanken

____

____

____

____

____

Die Jünger, die auf dem Weg nach Emmaus waren, erkannten Jesus nicht, denn sie waren wie mit Blindheit geschlagen. Auch wir merken oft nicht, dass Jesus mit uns geht. Wir sind genauso mit Blindheit geschlagen wie die Emmaus-Jünger. Deshalb sind auch wir eingeladen, zum Tisch des Herrn zu kommen, an dem Er für uns das Brot bricht. Doch wer nutzt dieses Angebot noch regelmäßig? Die Emmaus-Jünger drängten Jesus dazu, bei ihnen zu bleiben. Wie viele Menschen lassen Ihn stattdessen einfach weitergehen? In Brot und Wein gibt sich Jesus uns selbst. Bin ich bereit, Ihn anzunehmen?

Heute möchte ich Jesus in der Heiligen Messe bewusst empfangen und Ihm dafür danken, dass Er zu mir kommt.

Meine Gedanken

Dienstag der Osteroktav

Fürchtet euch nicht! Was geschehen war, machte den Frauen Angst. Nicht nur der Tod, sondern auch die Begegnung mit dem Auferstandenen erschreckte die Frauen am Ostermorgen. Es war etwas bisher nie Dagewesenes. „Fürchtet euch nicht!", spricht Jesus auch uns zu. Fürchtet euch nicht vor dem was war, was ist und was kommen wird, denn ich gehe euch voraus.

Heute möchte ich Jesus dafür danken, dass Er mich nicht alleine lässt.

Meine Gedanken

———————————————————————————

———————————————————————————

———————————————————————————

———————————————————————————

———————————————————————————

Mittwoch der Osteroktav

„Halte mich nicht fest." Noch ist Jesus nicht zu Seinem Vater zurückgegangen, von wo aus Er Seinen Jüngern den Heiligen Geist sandte, um jeden Einzelnen zu führen. „Halte mich nicht fest." Jesus lässt sich nicht festhalten oder vereinnahmen. Er weiß, wozu Er auf die Erde gekommen ist. Er bleibt Seiner Sendung treu. Jesus ist für alle da, die an Ihn glauben.

Heute möchte ich Jesus um Seinen Heiligen Geist bitten.

Meine Gedanken

Donnerstag der Osteroktav

Friede sei mit euch! Jesus ist auferstanden. Er hat den Tod besiegt. Er hat alle Schuld auf sich genommen. Deshalb sind alle eingeladen, umzukehren, damit auch ihnen ihre Sünden vergeben sind und sie den Frieden erhalten, der alles Verstehen übersteigt.

Heute möchte ich Jesus um Seinen Frieden bitten.

Meine Gedanken

Freitag der Osteroktav

Johannes, der Jünger, den Jesus liebte, war der Einzige, der Jesus erkannte, als Jesus am Ufer des Sees stand und nach seinen Jüngern rief, die wieder in ihren Alltag zurückgekehrt waren. Wer liebt, erkennt den Geliebten. Wer mit Jesus im Herzen verbunden ist, erkennt den Herrn, auch dann, wenn sich Seine äußere sichtbare Gestalt, verändert. Johannes stand in einer besonderen Beziehung zum Herrn, die denen vorbehalten ist, die am Herzen Jesu ruhen. Wie wichtig wäre es für die Kirche heute, diese Wahrheit wieder zu erkennen, dass aus Menschen Anbeter werden müssen, die am Herzen Jesu ruhen.

Heute möchte ich mich dem Herzen Jesu weihen.

Meine Gedanken

Samstag der Osteroktav

Die Apostel konnten zunächst nicht an die Auferstehung
Jesu glauben, bis sie Jesus selbst sahen. Nach allem, was
sie mit Jesus erlebt hatten, glaubten sie den Zeugen der
Auferstehung nicht. Sind auch heute nicht immer wieder
diejenigen, die von Jesus besonders erwählt wurden, in der
Gefahr, Seiner Botschaft nicht mehr zu glauben? Jesus
tadelte die Elf für ihren Unglauben und trug ihnen auf, das
Evangelium in die ganze Welt zu tragen. Auch wir sind dazu
berufen. Aber was tun wir stattdessen?

Heute möchte ich jemandem von Jesus erzählen.

Meine Gedanken

____

____

____

____

____

Am heutigen Sonntag der Göttlichen Barmherzigkeit ist Jesu Seite besonders weit geöffnet, vor allem für diejenigen, die nicht glauben. Auch ihnen ruft Jesus zu: Seid nicht ungläubig, sondern gläubig! Jesus ist am Kreuz für alle Menschen gestorben. Er ist am Kreuz gestorben, um alle Menschen zu sich zu ziehen. Heute öffnet Er Sein barmherziges Herz, um allen, die zu Ihm kommen, vollkommene Vergebung ihrer Schuld und Sünde zu schenken. Allen, die beichten, die Heilige Kommunion empfangen und an einer Andachtsform zum Lobpreis Seiner Barmherzigkeit teilnehmen.

Heute möchte ich alles tun, um die vollkommene Vergebung meiner Sünden zu erlangen.

Meine Gedanken

____

____

____

____

____

Aufgrund des guten Erfolges des ersten Bandes, folgen jetzt sechs weitere Kreuzwegandachten, die sich nicht nur für das Gebet während der Fastenzeit eignen. Auch diese Kreuzwegandachten sind wieder jeweils einem bestimmten Gedanken gewidmet. Sie können alleine oder auch in der Gruppe gebetet werden. Der Leser / die Leserin des zweiten Bandes "Kreuzwegandachten - nicht nur für die Fastenzeit" ist dazu eingeladen, Jesus betend auf seinem Kreuzweg nachzufolgen.

Taschenbuch : 104 Seiten

ISBN-10 : 375315301X